CW01431565

O Livro das Minhas Orações

A Simple Prayer Book

ENGLISH - PORTUGUÊS

All booklets are published thanks to the generous support of the members of the Catholic Truth Society

CATHOLIC TRUTH SOCIETY
PUBLISHERS TO THE HOLY SEE

Contents

Índices

BASIC PRAYERS

Our Father

Our Father, who art in heaven, hallowed be thy name. Thy Kingdom come. Thy will be done on earth as it is in heaven. Give us this day our daily bread, and forgive us our trespasses, as we forgive those who trespass against us, and lead us not into temptation, but deliver us from evil. Amen.

Hail Mary

Hail, Mary, full of grace, the Lord is with thee: blessed art thou among women, and blessed is the fruit of thy womb, Jesus. Holy Mary, Mother of God, pray for us sinners, now, and at the hour of our death. Amen.

Glory be to the Father

Glory be to the Father, and to the Son, and to the Holy Spirit. As it was in the beginning, is now, and ever shall be, world without end. Amen.

ORAÇÕES BASICAS

O Pai Nosso

Pai nosso que estais no Céus; santificado seja o Vosso Nome; venha a nós o Vosso reino; seja feita a Vossa vontade assim na Terra como no Céu. O pão nosso de cada dia nos dai hoje; perdoai-nos as nossas ofensas, assim como nós perdoamos a quem nos tem ofendido; e não nos deixeis cair em tentação; mas livrai-nos do mal. Amém.

Ave Maria

Ave-Maria, cheia de graça, o Senhor é convosco, bendita sois vós entre as mulheres e bendito é o fruto do vosso ventre, Jesus. Santa Maria, Mãe de Deus, rogai por nós, pecadores, agora e na hora da nossa morte. Amém.

Glória ao Pai

Glória ao Pai e ao Filho e ao Espírito Santo; como era no princípio, agora e sempre, Amém.

THE ORDER OF MASS

INTRODUCTORY RITES

The faithful dispose themselves properly to celebrate the Eucharist.

Before Mass begins, the people gather in a spirit of recollection, preparing for their participation in the Mass. All stand during the entrance procession.

Sign of the Cross

After the Entrance Chant, the Priest and the faithful sign themselves with the Sign of the Cross:

Priest: In the name of the Father, and of the Son,
   and of the Holy Spirit.

Response: Amen.

Greeting

The Priest greets the people, with one of the following:

1. Pr. The grace of our Lord Jesus Christ,
and the love of God,
and the communion of the Holy Spirit
be with you all.

2. Pr. Grace to you and peace from God our Father
and the Lord Jesus Christ.

3. Pr. The Lord be with you.

The people reply:

R. And with your spirit.

Ordinário da Missa

Ritos Iniciais

Cantico de Entrada.

Sinal da Cruz

Celebrante: Em nome do Pai, e do Filho,
e do Espírito Santo.
Assembleia: Amém.

Cel. A graça de nosso Senhor Jesus Cristo, o amor do Pai
e a comunhão do Espírito Santo estejam convosco!

Ass. Bendito seja Deus que nos reuniu no amor de Cristo.

The Priest, or a Deacon, or another minister, may very briefly introduce the faithful to the Mass of the day.

Penitential Act

There are three forms of the Penitential Act which may be chosen from as appropriate.

Pr. Brethren (brothers and sisters),
    let us acknowledge our sins,
and so prepare ourselves to celebrate the sacred mysteries.
A brief pause for silence follows.
Then one of the following forms is used:

---

1. I confess to almighty God
and to you, my brothers and sisters,
that I have greatly sinned,
in my thoughts and in my words,
in what I have done and in what I have failed to do,
(*and, striking their breast, they say:*)
through my fault, through my fault,
through my most grievous fault;
therefore I ask blessed Mary ever-Virgin,
all the Angels and Saints,
and you, my brothers and sisters,
to pray for me to the Lord our God.

---

2. Pr. Have mercy on us, O Lord.
R. For we have sinned against you.
Pr. Show us, O Lord, your mercy.
R. And grant us your salvation.

Ato Penitencial

Cel. Irmãos e irmãs,
reconheçamos as nossas culpas para celebrarmos
dignamente os santos mistérios.
Confessemos os nossos pecados:

Confesso a Deus todo-poderoso e a vós,
irmãos e irmãs,
que pequei muitas vezes por pensamentos e palavras,
atos e omissões,
por minha culpa,
minha tão grande culpa.
E peço à Virgem Maria,
aos anjos e santos e a vós,
irmãos e irmãs,
que rogueis por mim a Deus,
nosso Senhor.

---

*Invocations naming the gracious works of the Lord may
be made, as in the example below:*

3. Pr. You were sent to heal the contrite of heart:

Lord, have mercy.   *Or:*   Kyrie, eleison.

R. Lord, have mercy.   *Or:*   **Kyrie, eleison.**

Pr. You came to call sinners:

Christ, have mercy.   *Or:*   Christe, eleison.

R. Christ, have mercy.   *Or:*   **Christe, eleison.**

Pr. You are seated at the right hand of the Father to
intercede for us:

Lord, have mercy.   *Or:*   Kyrie, eleison.

R. Lord, have mercy.   *Or:*   **Kyrie, eleison.**

The absolution by the Priest follows:

Pr. May almighty God have mercy on us,

forgive us our sins,

and bring us to everlasting life.

R. Amen.

The Kyrie, eleison *(Lord, have mercy) invocations follow,
unless they have just occurred.*

Pr. Lord, have mercy.   **R. Lord, have mercy.**

Pr. Christ, have mercy.   **R. Christ, have mercy.**

Pr. Lord, have mercy.   **R. Lord, have mercy.**

Or:

Pr. Kyrie, eleison.   **R. Kyrie, eleison.**

Pr. Christe, eleison.   **R. Christe, eleison.**

Pr. Kyrie, eleison.   **R. Kyrie, eleison.**

Cel. Deus todo-poderoso tenha compaixão de nós, perdoe os nossos pecados e nos conduza à vida eterna.
Ass. Amém.

Kýrie eléison
Cel. Senhor, tende piedade de nós.
Ass. Senhor, tende piedade de nós.
Cel. Cristo, tende piedade de nós.
Ass. Cristo, tende piedade de nós.
Cel. Senhor, tende piedade de nós.
Ass. Senhor, tende piedade de nós.

The Gloria

On Sundays (outside of Advent and Lent), Solemnities and Feast Days, this hymn is either sung or said:

**Glory to God in the highest,
and on earth peace to people of good will.**

**We praise you,
we bless you,
we adore you,
we glorify you,
we give you thanks for your great glory,
Lord God, heavenly King,
O God, almighty Father.**

**Lord Jesus Christ, Only Begotten Son,
Lord God, Lamb of God, Son of the Father,
you take away the sins of the world, have mercy on us;
you take away the sins of the world, receive our prayer;
you are seated at the right hand of the Father,
    have mercy on us.
For you alone are the Holy One,
you alone are the Lord,
you alone are the Most High,
Jesus Christ,
with the Holy Spirit,
in the glory of God the Father.
Amen.**

Glória

De acordo com as circunstâncias, o Gloria pode ser cantado ou rezado.

**Glória a Deus nas alturas,
e paz na terra aos homens por Ele amados.**

**Senhor Deus, rei dos céus,
Deus Pai todo poderoso:
nós vos louvamos,
nós vos bendizemos,
nós vos adoramos,
nós vos glorificamos,
nós vos damos graças por vossa imensa glória.**

**Senhor Jesus Cristo,
Filho Unigênito, Senhor Deus,
Cordeiro de Deus, Filho de Deus Pai.
Vós que tirais o pecado do mundo,
tende piedade de nós;
Vós que tirais o pecado do mundo,
acolhei a nossa súplica;
Vós, que estais à direita do Pai,
tende piedade de nós.
Só vós sois o Santo,
só vós, o Senhor, só vós, o Altíssimo, Jesus Cristo, com
o Espírito Santo,
na glória de Deus Pai. Amém.**

When this hymn is concluded, the Priest, says:
Pr. Let us pray.
And all pray in silence. Then the Priest says the Collect prayer, which ends:
R. Amen.

THE LITURGY OF THE WORD

By hearing the word proclaimed in worship, the faithful again enter into a dialogue with God.

First Reading

The reader goes to the ambo and proclaims the First Reading, while all sit and listen. The reader ends:
The word of the Lord.
R. Thanks be to God.
It is appropriate to have a brief time of quiet between readings as those present take the word of God to heart.

Psalm

The psalmist or cantor sings or says the Psalm, with the people making the response.

Second Reading

On Sundays and certain other days there is a second reading. It concludes with the same response as above.

Gospel

The assembly stands for the Gospel Acclamation. Except during Lent the Acclamation is:
R. Alleluia

Oremos:

Todos rezam em silêncio. Então o presidente diz a oração do dia e termina dizendo:

Cel. Na unidade do Espirito Santo.

Ass. Amém

LITURGIA DA PALAVRA

Primeira Leitura

O leitor termina a proclamação da leitura dizendo:

Leit: Palavra do Senhor.

Ass: Graças a Deus.

Salmo Responsorial

A assembleia canta ou repete o refrão.

Segunda Leitura

A assembleia responde como na leitura anterior.

Leit: Palavra do Senhor.

Ass: Graças a Deus.

Evangelho

A assembleia se levanta para a aclamação ao evangelho com o Aleluia ou outro canto apropriado.

During Lent the following forms are used:

R. Praise to you, O Christ, king of eternal glory! *Or*:

R. Praise and honour to you, Lord Jesus! *Or*:

R. Glory and praise to you, O Christ! *Or*:

R. Glory to you, O Christ, you are the Word of God!

At the ambo the Deacon, or the Priest says:

Pr. The Lord be with you.

R. And with your spirit.

Pr. A reading from the holy Gospel according to *N*.

He makes the Sign of the Cross on the book and, together with the people, on his forehead, lips, and breast.

R. Glory to you, O Lord.

At the end of the Gospel:

Pr. The Gospel of the Lord.

R. Praise to you, Lord Jesus Christ.

After the Gospel all sit to listen to the homily.

The Homily

Then follows the Homily, which is preached by a Priest or Deacon on all Sundays and Holydays of Obligation. After a brief silence all stand.

The Creed

On Sundays and Solemnities, the Profession of Faith will follow. The Apostles' Creed may be used.

Cel. O Senhor esteja convosco!
Ass: Ele está no meio de nós.
Cel: Proclamação do Evangelho de Jesus Cristo, escrito por *N*.

Ass: Glória a Vós, Senhor.
No final do evangelho se diz:
Cel: Palavra da Salvação.
Ass: Glória a Vós, Senhor.

Homilia

Profissão de Fé

The Niceno-Constantinopolitan Creed

I believe in one God,
the Father almighty,
maker of heaven and earth,
of all things visible and invisible.

I believe in one Lord Jesus Christ,
the Only Begotten Son of God,
born of the Father before all ages.
God from God, Light from Light,
true God from true God,
begotten, not made, consubstantial with the Father;
through him all things were made.
For us men and for our salvation
he came down from heaven, (*all bow*)
and by the Holy Spirit was incarnate of the Virgin Mary,
and became man.

For our sake he was crucified under Pontius Pilate,
he suffered death and was buried,
and rose again on the third day
in accordance with the Scriptures.
He ascended into heaven
and is seated at the right hand of the Father.
He will come again in glory
to judge the living and the dead
and his kingdom will have no end.

I believe in the Holy Spirit, the Lord, the giver of life,
who proceeds from the Father and the Son,

Creio em um só Deus,
Pai todo-poderoso,
criador do céu e da terra,
de todas as coisas visíveis e invisíveis.

Creio em um só Senhor, Jesus Cristo,
Filho Unigênito de Deus,
nascido do Pai antes de todos os séculos:
Deus de Deus, luz da luz,
Deus verdadeiro de Deus verdadeiro;
gerado, não criado, consubstancial ao Pai.
Por ele todas as coisas foram feitas.
E por nós, homens, e para nossa salvação,
desceu dos céus:
e se encarnou pelo Espírito Santo,
no seio da Virgem Maria,
e se fez homem.

Também por nós foi crucificado sob Pôncio Pilatos;
padeceu e foi sepultado.
Ressuscitou ao terceiro dia,
conforme as Escrituras,
e subiu aos céus,
onde está sentado à direita do Pai.
E de novo há de vir, em sua glória,
para julgar os vivos e os mortos;
e o seu reino não terá fim.

Creio no Espírito Santo, Senhor que dá a vida,
e procede do Pai e do Filho;

who with the Father and the Son is adored and glorified,
who has spoken through the prophets.
I believe in one, holy, catholic and apostolic Church.
I confess one Baptism for the forgiveness of sins
and I look forward to the resurrection of the dead
and the life of the world to come. Amen.

The Apostles' Creed

I believe in God,
the Father almighty
Creator of heaven and earth,
and in Jesus Christ, his only Son, our Lord, (*all bow*)
who was conceived by the Holy Spirit,
born of the Virgin Mary,
suffered under Pontius Pilate,
was crucified, died and was buried;
he descended into hell;
on the third day he rose again from the dead;
he ascended into heaven,
and is seated at the right hand of God
    the Father almighty;
from there he will come to judge the living and the dead.
I believe in the Holy Spirit,
the holy catholic Church,
the communion of saints,
the forgiveness of sins,
the resurrection of the body,
and life everlasting. Amen.

e com o Pai e o Filho é adorado e glorificado.
Ele que falou pelos profetas.
Creio na Igreja, una, santa, católica e apostólica.
Professo um só batismo para remissão dos pecados.
E espero a ressurreição dos mortos
e a vida do mundo que há de vir. Amém.

Creio

Creio em Deus
Pai Todo-Poderoso,
Criador do céu e da terra e em Jesus Cristo,
seu único Filho, Nosso Senhor,
que foi concebido pelo poder do Espírito Santo,
nasceu da Virgem Maria,
padeceu sob Pôncio Pilatos,
foi crucificado, morto e sepultado,
desceu à mansão dos mortos,
ressuscitou ao terceiro dia,
subiu aos céus,
está sentado à direita de Deus Pai todo-poderoso,
donde há de vir a julgar os vivos e os mortos;
creio no Espírito Santo,
na Santa Igreja Católica,
na comunhão dos santos,
na remissão dos pecados,
na ressurreição da carne
e na vida eterna. Amém.

The Prayer of the Faithful (Bidding Prayers)

Intentions will normally be for the Church; for the world; for those in particular need; and for the local community. After each there is time for silent prayer, followed by the next intention, or concluded with a sung phrase such as **Christ, hear us**, *or* **Christ graciously hear us**, *or by a responsory such as*:

Let us pray to the Lord.

R. Grant this, almighty God. *Or*:

R. Lord, have mercy. *Or*:

R. Kyrie, eleison.

The Priest concludes the Prayer with a collect.

THE LITURGY OF THE EUCHARIST

For Catholics, the Eucharist is the source and summit of the whole Christian Life.

After the Liturgy of the Word, the people sit and the Offertory Chant begins. The faithful express their participation by making an offering, bringing forward bread and wine for the celebration of the Eucharist.

Preparatory Prayers

Standing at the altar, the Priest takes the paten with the bread and holds it slightly raised above the altar with both hands, saying:

Oração dos fiéis

Depois de um convite, as orações são seguidas de um silêncio. Então se responde:

Por isso rezemos ao Senhor:
Ass: Senhor escutai a nossa prece.

LITURGIA EUCARÍSTICA

Apresentação dos dons

A assembleia se senta. Pão e o vinho são trazidos para o altar. Um canto pode acompanhar o ato, ou então o celebrante pode dizer as seguintes orações em vóz alta.
O Celebrante toma a pão, o levanta um pouco acima do altar e diz:

Pr. Blessed are you, Lord God of all creation,
for through your goodness we have received
the bread we offer you:
fruit of the earth and work of human hands,
it will become for us the bread of life.

R. Blessed be God for ever.

The Priest then takes the chalice and holds it slightly raised above the altar with both hands, saying:

Pr. Blessed are you, Lord God of all creation,
for through your goodness we have received
the wine we offer you:
fruit of the vine and work of human hands,
it will become our spiritual drink.

R. Blessed be God for ever.

The Priest completes additional personal preparatory rites, and the people rise as he says:

Pr. Pray, brethren (brothers and sisters),
that my sacrifice and yours
may be acceptable to God,
the almighty Father.

**R. May the Lord accept the sacrifice at your hands
for the praise and glory of his name,
for our good
and the good of all his holy Church.**

Cel. Bendito sejais, Senhor, Deus do universo,
pelo pão que recebemos de vossa bondade,
fruto da terra e do trabalho humano,
que agora vos apresentamos,
e para nós se vai tornar pão da vida.

Ass. Bendito seja Deus para sempre.

*Da mesma maneira ele levanta o cálice um pouco acima
do altar e diz:*

Cel. Bendito sejais, Senhor, Deus do universo
pelo vinho que recebemos de vossa bondade,
fruto da videira e do trabalho humano,
que agora vos apresentamos e para nós se vai tornar vinho
da salvação.

Ass. Bendito seja Deus para sempre.

A assembleia se levanta enquanto o celebrante diz:

Cel. Orai, irmãos e irmãs,
para que o nosso sacrifício
seja aceito por Deus Pai todo-poderoso.

**Ass. Receba o Senhor por tuas mãos este sacrifício,
para glória do seu nome,
para nosso bem
e de toda a santa Igreja.**

The Prayer over the Offerings

The Priest concludes the Prayer over the Offerings: **R. Amen.**

The Eucharistic Prayer

Extending his hands, the Priest says:

Pr. The Lord be with you.

R. And with your spirit.

Pr. Lift up your hearts.

R. We lift them up to the Lord.

Pr. Let us give thanks to the Lord our God.

R. It is right and just.

At the end of the Preface all sing or say:

Ho-ly, Ho-ly, Ho-ly Lord God of hosts. Heav-en and earth are full of your glo-ry. Ho-san-na in the high-est. Bless-ed is he who comes in the name of the Lord. Ho-san-na in the high-est.

Holy, Holy, Holy Lord God of hosts.

Heaven and earth are full of your glory.

Hosanna in the highest.

Blessed is he who comes in the name of the Lord.

Hosanna in the highest.

After the Sanctus the congregation kneels.

O celebrante diz a oração sobre as oferendas. Todos respondem. **Amém.**

Oração Eucarística

Cel. O Senhor esteja convosco!

Ass. Ele está no meio de nós.

Cel. Corações ao alto!

Ass. O nosso coração está em Deus.

Cel. Demos graças ao Senhor, nosso Deus.

Ass. É nosso dever é nossa salvação

O celebrante continua com o prefácio apropriado ao Tempo ou Festa. No final todos cantam:

Santo, Santo, Santo, Senhor, Deus do universo!
O céu e a terra proclamam a vossa glória.
Hosana nas alturas!
Bendito o que vem em nome do Senhor!
Hosana nas alturas!

Eucharistic Prayer I
(The Roman Canon)

Pr. To you, therefore, most merciful Father,
we make humble prayer and petition
through Jesus Christ, your Son, our Lord:
that you accept
and bless ✠ these gifts, these offerings,
these holy and unblemished sacrifices,
which we offer you firstly
for your holy catholic Church.
Be pleased to grant her peace,
to guard, unite and govern her
throughout the whole world,
together with your servant *N.* our Pope and *N.* our Bishop,
and all those who, holding to the truth,
hand on the catholic and apostolic faith.

Remember, Lord, your servants *N.* and *N.*
and all gathered here,
whose faith and devotion are known to you.
For them, we offer you this sacrifice of praise
or they offer it for themselves
and all who are dear to them:
for the redemption of their souls,
in hope of health and well-being,
and paying their homage to you,
the eternal God, living and true.

Oração Eucarística I

Cel: Pai de misericórdia,
a quem sobem nossos louvores,
nós vos pedimos por Jesus Cristo, vosso Filho,
que abençoeis estas oferendas apresentadas ao vosso altar.
Ass. Abençoai nossa oferenda, ó senhor!
Nós as oferecemos pela vossa Igreja santa e Católica:
concedei-lhe paz e proteção,
unindo-a num só corpo e governando-a por toda a terra.
Nós as oferecemos também pelo nosso Papa *N.*, por
nosso bispo *N.*,
e por todos os que guardam a fé que receberam dos
apóstolos.
Ass. Conservai a vossa igreja sempre unida!
Lembrai-vos, ó Pai, dos vossos filhos e filhas *N.N.*
e de todos os que circundam este altar,
dos quais conheceis a fidelidade e a dedicação em vos servir.
Eles vos oferecem conosco este sacrifício de louvor
por si e por todos os seus,
e elevam a vós as suas preces para alcançar o perdão
de suas faltas, a segurança em suas vidas e a salvação
que esperam.
Ass. Lembrai-vos, ó pai, de vossos filhos!

In communion with those whose memory we venerate,
especially the glorious ever-Virgin Mary,
Mother of our God and Lord, Jesus Christ,
and blessed Joseph, her Spouse,
your blessed Apostles and Martyrs,
Peter and Paul, Andrew,
(James, John,
Thomas, James, Philip,
Bartholomew, Matthew,
Simon and Jude;
Linus, Cletus, Clement, Sixtus,
Cornelius, Cyprian,
Lawrence, Chrysogonus,
John and Paul,
Cosmas and Damian)
and all your Saints;
we ask that through their merits and prayers,
in all things we may be defended
by your protecting help.
(Through Christ our Lord. Amen.)

Therefore, Lord, we pray:
graciously accept this oblation of our service,
that of your whole family;
order our days in your peace,
and command that we be delivered
from eternal damnation
and counted among the flock of those you have chosen.
(Through Christ our Lord. Amen.)

Em comunhão com toda a Igreja,
veneramos a sempre Virgem Maria,
Mãe de nosso Deus e Senhor Jesus Cristo;
e também São José, esposo de Maria,
os santos Apóstolos e Mártires:
Pedro e Paulo, André
(Tiago e João,
Tomé, Tiago e Felipe,
Bartolomeu e Mateus,
Simão e Tadeu, Lino,
Cleto, Clemente, Sisto,
Cornélio e Cipriano,
Lourenço e Crisógono,
João e Paulo,
Cosme e Damião)
e todos os vossos Santos.
Por seus méritos e preces
concedei-nos sem cessar a vossa proteção.
Ass. Em comunhão com toda a igreja aqui estamos!

Recebei, ó Pai, com bondade,
a oferendados vossos servos e de toda a vossa família;
dai-nos sempre a vossa paz,
livrai-nos da condenação eterna e acolhei-nos entre os
vossos eleitos.

Be pleased, O God, we pray,
to bless, acknowledge,
and approve this offering in every respect;
make it spiritual and acceptable,
so that it may become for us
the Body and Blood of your most beloved Son,
our Lord Jesus Christ.
On the day before he was to suffer,
he took bread in his holy and venerable hands,
and with eyes raised to heaven
to you, O God, his almighty Father,
giving you thanks, he said the blessing,
broke the bread
and gave it to his disciples, saying:

TAKE THIS, ALL OF YOU, AND EAT OF IT,
FOR THIS IS MY BODY,
WHICH WILL BE GIVEN UP FOR YOU.

In a similar way, when supper was ended,
he took this precious chalice
in his holy and venerable hands,
and once more giving you thanks, he said the blessing
and gave the chalice to his disciples, saying:

TAKE THIS, ALL OF YOU, AND DRINK FROM IT,
FOR THIS IS THE CHALICE OF MY BLOOD,
THE BLOOD OF THE NEW AND ETERNAL COVENANT,
WHICH WILL BE POURED OUT FOR YOU AND FOR MANY
FOR THE FORGIVENESS OF SINS.

DO THIS IN MEMORY OF ME.'

Dignai-vos, ó Pai, aceitar e santificar estas oferendas, a fim de que se tornem para nós o Corpo e o Sangue de Jesus Cristo, vosso Filho e Senhor nosso.

Ass. Santificai nossa oferenda, ó senhor!

Na noite em que ia ser entregue,
Ele tomou o pão em suas mãos,
elevou os olhos a vós, ó Pai,
deu graças e o partiu e deu a seus discípulos, dizendo:

'TOMAI, TODOS, E COMEI.
ISTO É O MEU CORPO,
QUE SERÁ ENTREGUE POR VÓS.'

Do mesmo modo,
ao fim da ceia,
Ele tomou o cálice em suas mãos,
deu graças novamente
e o deu a seus discípulos dizendo:

'TOMAI, TODOS, E BEBEI:
ESTE É O CÁLICE DO MEU SANGUE,
O SANGUE DA NOVA E ETERNA ALIANÇA,
QUE SERÁ DERRAMADO POR VÓS
E POR TODOS PARA REMISSÃO DOS PECADOS.

FAZEI ISTO EM MEMÓRIA DE MIM.'

Pr. The mystery of faith.

The people continue, acclaiming one of the following:

We pro-claim your Death, O Lord, and pro-fess your Res-ur-rec-tion un-til you come a-gain.

**1. We proclaim your Death, O Lord,
and profess your Resurrection
until you come again.**

When we eat this Bread and drink this Cup, we pro-claim your Death, O Lord, un-til you come a-gain.

**2. When we eat this Bread and drink this Cup,
we proclaim your Death, O Lord,
until you come again.**

Save us, Sav-iour of the world, for by your Cross and Res-ur-rec-tion you have set us free.

**3. Save us, Saviour of the world,
for by your Cross and Resurrection
you have set us free.**

Cel: Eis o mistério da fé!

O povo canta ou diz a Aclamação.

**Anunciamos, Senhor, a vossa morte e proclamamos
a vossa ressurreição.
Vinde , Senhor Jesus!**

Pr. Therefore, O Lord,
as we celebrate the memorial of the blessed Passion,
the Resurrection from the dead,
and the glorious Ascension into heaven
of Christ, your Son, our Lord,
we, your servants and your holy people,
offer to your glorious majesty
from the gifts that you have given us,
this pure victim,
this holy victim,
this spotless victim,
the holy Bread of eternal life
and the Chalice of everlasting salvation.

Be pleased to look upon these offerings
with a serene and kindly countenance,
and to accept them,
as once you were pleased to accept
the gifts of your servant Abel the just,
the sacrifice of Abraham, our father in faith,
and the offering of your high priest Melchizedek,
a holy sacrifice, a spotless victim.

In humble prayer we ask you, almighty God:
command that these gifts be borne
by the hands of your holy Angel
to your altar on high
in the sight of your divine majesty,
so that all of us, who through this participation at the altar

Cel: Celebrando, pois,
a memória da paixão do vosso Filho,
da sua ressurreição dentre os mortos
e gloriosa ascensão aos céus,
nós, vossos servos,
e também vosso povo santo,
vos oferecemos, ó Pai,
dentre os bens que nos destes,
o sacrifício perfeito e santo,
pão da vida eterna e cálice da salvação.
Ass. Recebei, ó senhor, a nossa oferta!
Recebei, ó Pai, esta oferenda,
como recebestes a oferta de Abel,
o sacrifício de Abraão
e os dons de Melquisedeque.
Nós vos suplicamos que ela seja levada à vossa presença,
para que, ao participarmos deste altar,
recebendo o Corpo e o Sangue de vosso Filho,
sejamos repletos de todas as graças e bênçãos do céu.
Ass. Recebei, ó senhor, a nossa oferta!
Lembrai-vos, ó Pai,
dos vossos filhos e filhas *N.N.*
que partiram desta vida,
marcados com o sinal da fé.
A eles, e a todos os que adormeceram no Cristo,
concedei a felicidade,
a luz e a paz.
Ass. Lembrai-vos, ó pai, dos vossos filhos!

receive the most holy Body and Blood of your Son,
may be filled with every grace and heavenly blessing.
(Through Christ our Lord. Amen.)

Remember also, Lord, your servants *N.* and *N.*,
who have gone before us with the sign of faith
and rest in the sleep of peace.
Grant them, O Lord, we pray,
and all who sleep in Christ,
a place of refreshment, light and peace.
(Through Christ our Lord. Amen.)
To us, also, your servants, who, though sinners,
hope in your abundant mercies,
graciously grant some share
and fellowship with your holy Apostles and Martyrs:
with John the Baptist, Stephen,
Matthias, Barnabas,
(Ignatius, Alexander,
Marcellinus, Peter,
Felicity, Perpetua,
Agatha, Lucy,
Agnes, Cecilia, Anastasia)
and all your Saints;
admit us, we beseech you,
into their company,
not weighing our merits,
but granting us your pardon,
through Christ our Lord.

E a todos nós pecadores,
que confiamos na vossa imensa misericórdia, concedei,
não por nossos méritos,
mas por vossa bondade,
o convívio dos Apóstolos e Mártires:
João Batista e Estêvão,
Matias e Barnabé
(Inácio, Alexandre,
Marcelino e Pedro;
Felicidade e Perpétua,
Águeda e Luzia, Inês,
Cecília, Anastácia)
e todos os vossos santos.
Por Cristo, nosso Senhor.

Ass. Concedei-nos o convívio dos eleitos!

Por ele não cessais de criar e santificar estes bens e
distribuí-los entre nós.

Cel: Por Cristo, com Cristo, em Cristo,
a Vós, Deus Pai todo-poderoso,
na unidade do Espírito santo,

Through whom
you continue to make all these good things, O Lord;
you sanctify them, fill them with life,
bless them, and bestow them upon us.

The Priest takes the chalice and the paten with the host:
Pr. Through him, and with him, and in him,
O God, almighty Father,
in the unity of the Holy Spirit,
all glory and honour is yours,
for ever and ever.
R. Amen.
Then follows the Communion Rite, p. 66.

Eucharistic Prayer II

Pr. The Lord be with you.
R. And with your spirit.
Pr. Lift up your hearts.
R. We lift them up to the Lord.
Pr. Let us give thanks to the Lord our God.
R. It is right and just.
Pr. It is truly right and just, our duty and our salvation,
always and everywhere to give you thanks, Father most
holy,
through your beloved Son, Jesus Christ,
your Word through whom you made all things,
whom you sent as our Saviour and Redeemer,

toda a honra e toda a glória agora
e para sempre.

Ass. Amém.

A Missa continua com o Rito da Comunhão na p. 67.

Oração Eucarística II

Cel. O Senhor esteja convosco!

Ass. Ele está no meio de nós.

Cel. Corações ao alto!

Ass. O nosso coração está em Deus.

Cel. Demos graças ao Senhor, nosso Deus.

Ass. É nosso dever é nossa salvação

Cel. Senhor, Pai santo, Deus eterno e omnipotente,
é verdadeiramente nosso dever, é nossa salvação
dar-Vos graças sempre e em toda a parte por Jesus Cristo,
vosso amado Filho.
Ele é a vossa Palavra, por quem tudo criastes.
Enviado por Vós como Salvador e Redentor,
fez-Se homem pelo poder do Espírito Santo
e nasceu da Virgem Maria.
Para cumprir a vossa vontade e adquirir para Vós um povo
santo, estendeu os braços e morreu na cruz; e, destruindo
assim a morte, manifestou a vitória da ressurreição.
Por isso, com os Anjos e os Santos, proclamamos a vossa
glória, cantando numa só voz.

incarnate by the Holy Spirit and born of the Virgin.
Fulfilling your will and gaining for you a holy people,
he stretched out his hands as he endured his Passion,
so as to break the bonds of death and manifest the
    resurrection.

And so, with the Angels and all the Saints
we declare your glory,
as with one voice we acclaim:
The people sing or say aloud the Sanctus as on p. 26.
Pr. You are indeed Holy, O Lord,
the fount of all holiness.
Make holy, therefore, these gifts, we pray,
by sending down your Spirit upon them like the dewfall,
so that they may become for us
the Body and ✠ Blood of our Lord Jesus Christ.

At the time he was betrayed
and entered willingly into his Passion,
he took bread and, giving thanks, broke it,
and gave it to his disciples, saying:

    'TAKE THIS, ALL OF YOU, AND EAT OF IT,
    FOR THIS IS MY BODY,
    WHICH WILL BE GIVEN UP FOR YOU.'

In a similar way, when supper was ended,
he took the chalice
and, once more giving thanks,
he gave it to his disciples, saying:

Sanctus, p. 27.

Cel. Na verdade, ó Pai,
vós sois santo e fonte de toda santidade.
Santificai, pois, estas oferendas,
derramando sobre elas o vosso Espírito,
a fim de que se tornem para nós
o Corpo e o Sangue de Jesus Cristo,
vosso Filho e Senhor nosso.
Ass. Santificai nossa oferenda, ó Senhor.

Estando para ser entregue
e abraçando livremente a paixão,
ele tomou o pão deu graças,
e o partiu e deu a seus discípulos, dizendo:

'TOMAI, TODOS, E COMEI.

ISTO É O MEU CORPO,

QUE SERÁ ENTREGUE POR VOS.'

Do mesmo modo, ao fim da ceia,
ele tomou o cálice em suas mãos,
deu graças novamente,
e o deu a seus discípulos, dizendo:

'Take this, all of you, and drink from it,
for this is the chalice of my Blood,
the Blood of the new and eternal covenant,
which will be poured out for you and for many
for the forgiveness of sins.

Do this in memory of me.'

Pr. The mystery of faith.
The people continue with one of the acclamations, p. 34.

Pr. Therefore, as we celebrate
the memorial of his Death and Resurrection,
we offer you, Lord,
the Bread of life and the Chalice of salvation,
giving thanks that you have held us worthy
to be in your presence and minister to you.
Humbly we pray
that, partaking of the Body and Blood of Christ,
we may be gathered into one by the Holy Spirit.

Remember, Lord, your Church,
spread throughout the world,
and bring her to the fullness of charity,
together with *N.* our Pope and *N.* our Bishop
and all the clergy.

In Masses for the Dead, the following may be added:
Remember your servant *N.*,
whom you have called (today)

'TOMAI, TODOS, E BEBEI:

ESTE É O CÁLICE DO MEU SANGUE,

O SANGUE DA NOVA E ETERNA ALIANÇA,

QUE SERÁ DERRAMADO

PER VÓS E POR TODOS PARA REMISSÃO DOS PECADOS.

FAZEI ISTO EM MEMÓRIA DE MIM.'

Cel. Eis o mistério da fe!

P. 35.

Cel. Celebrando, pois, a memória
da morte e ressurreição do vosso Filho,
nós vos oferecemos, ó Pai,
o pão da vida e o cálice da salvação;
e vos agradecemos porque nos tornastes dignos de estar
aqui na vossa presença e vos servir.

Ass. Recebei, ó Senhor, a nossa oferta.

E nós vos suplicamos que,
participando do Corpo e Sangue de Cristo,
sejamos reunidos pelos Espírito Santo num só corpo.

Ass. Fazei de nós um só corpo e um só espírito,

Lembrai-vos, ó Pai, da vossa Igreja que se faz presente
pelo mundo inteiro: que ela cresça na caridade, com o
papa *N.*, com o nosso bispo M. e todos os ministros do
vosso povo.

Ass. Lembrai-vos, ó Pai, da vossa Igreja.

from this world to yourself.
Grant that he (she) who was united with your Son
    in a death like his,
may also be one with him in his Resurrection.

Remember also our brothers and sisters
who have fallen asleep in the hope of the resurrection,
and all who have died in your mercy:
welcome them into the light of your face.
Have mercy on us all, we pray,
that with the Blessed Virgin Mary, Mother of God,
with blessed Joseph, her Spouse,
with the blessed Apostles,
and all the Saints who have pleased you throughout
the ages,
we may merit to be coheirs to eternal life,
and may praise and glorify you
through your Son, Jesus Christ.

The Priest takes the chalice and the paten with the host:
Through him, and with him, and in him,
O God, almighty Father,
in the unity of the Holy Spirit,
all glory and honour is yours,
for ever and ever.
R. Amen.
Then follows the Communion Rite, p. 66.

Lembrai-vos também dos outros nossos irmãos e irmãs
que morreram na esperança da ressurreição e de todos os
que partiram desta vida:
acolhei-os junto a vós na luz da vossa face.
Ass. Lembrai-vos, ó Pai, dos vossos filhos.
Enfim, nós vos pedimos,
tende piedade de todos nós e dai-nos participar da vida
eterna, com a Virgem Maria, Mãe de Deus, com São
José, seu sposo, os bem-aventurados Apóstolos e todos
os que neste mundo vos serviram, a fim de vos louvarmos
e glorificarmos,
por Jesus Cristo, vosso Filho.
Ass. Concedei-nos o convívio dos eleitos.

Por Cristo, com Cristo, em Cristo, a vós,
Deus Pai todo-poderoso,
na unidade do Espírito Santo,
toda a honra e toda a glória
agora e para sempre.
Ass. Amém.
A Missa continua com o Rito da Comunháo na p. 67.

Eucharistic Prayer III

Pr. You are indeed Holy, O Lord,
and all you have created
rightly gives you praise,
for through your Son our Lord Jesus Christ,
by the power and working of the Holy Spirit,
you give life to all things and make them holy,
and you never cease to gather a people to yourself,
so that from the rising of the sun to its setting
a pure sacrifice may be offered to your name.

Therefore, O Lord, we humbly implore you:
by the same Spirit graciously make holy
these gifts we have brought to you for consecration,
that they may become the Body and ✠ Blood
of your Son our Lord Jesus Christ,
at whose command we celebrate these mysteries.

For on the night he was betrayed
he himself took bread,
and, giving you thanks, he said the blessing,
broke the bread and gave it to his disciples, saying:

'TAKE THIS, ALL OF YOU,
AND EAT OF IT, FOR THIS IS MY BODY,
WHICH WILL BE GIVEN UP FOR YOU.'

In a similar way, when supper was ended,
he took the chalice,
and, giving you thanks, he said the blessing,
and gave the chalice to his disciples, saying:

Oração Eucarística III

Cel. Na verdade, vos sois santo,
ó Deus do universo,
e tudo o que criastes proclama o vosso louvor,
porque, por Jesus Cristo, vosso Filho e Senhor nosso,
e pela força do Espírito Santo,
dais vida e santidade
a todas as coisas e não cessais de reunir o vosso povo,
para que vos ofereça em toda parte,
do nascer ao pôr-do-sol, um sacrifício perfeito.

Ass. Santificai e reuni o vosso povo.

Por isso, nós vos suplicamos:
santificai pelo Espírito Santo as oferendas que vos
apresentamos para serem consagradas,
a fim de que se tornem o Corpo e o Sangue de Jesus Cristo,
vosso Filho e Senhor nosso,
que nós mandou celebrer este mistério.

Ass. Santificai nossa oferenda, ó Senhor.

Na noite em que ia ser entregue, ele tomou o pão, deu
graças, e o partiu e deu a seus discípulos, dizendo:

'TOMAI, TODOS, E COMEI.
ISTO É O MEU CORPO,
QUE SERÁ ENTREGUE POR VOS.'

Do mesmo modo, ao fim da ceia,
ele tomou o cálice em suas mãos,
deu graças novamente,
e o deu a seus discípulos, dizendo:

'TAKE THIS, ALL OF YOU, AND DRINK FROM IT,
FOR THIS IS THE CHALICE OF MY BLOOD
THE BLOOD OF THE NEW AND ETERNAL COVENANT,
WHICH WILL BE POURED OUT FOR YOU AND FOR MANY
FOR THE FORGIVENESS OF SINS.

DO THIS IN MEMORY OF ME.'

Pr. The mystery of faith.
The people continue with one of the acclamations, p. 34.
Pr. Therefore, O Lord, as we celebrate the memorial
of the saving Passion of your Son,
his wondrous Resurrection
and Ascension into heaven,
and as we look forward to his second coming,
we offer you in thanksgiving
this holy and living sacrifice.

Look, we pray, upon the oblation of your Church
and, recognizing the sacrificial Victim by whose death
you willed to reconcile us to yourself,
grant that we, who are nourished
by the Body and Blood of your Son
and filled with his Holy Spirit,
may become one body, one spirit in Christ.

May he make of us
an eternal offering to you,

'Tomai, todos, e bebei.
Este é o cálice do meu sangue,
o sangue da nova aliança,
que será derramado por vós
e por todos para remissão dos pecados.

Fazei isto em memória de mim.'

Cel. Eis o mistério da fé!
P. 35.
Cel. Celebrando agora, ó Pai, a memória do vosso Filho,
da sua paixão que nos salva,
da sua gloriosa ressurreição e da sua ascensão ao céu,
e enquanto esperamos a sua nova vinda,
nós vos oferecemos em ação de graças
este sacrifício de vida e santidade.
Ass. Recebei, ó Senhor, a nossa oferta.
Olhai com bondade a oferenda da vossa Igreja,
reconhecei o sacrifício que nos reconcilia convosco e
concedei que,
alimentando-nos com o Corpo e o Sangue do vosso Filho,
sejamos repletos do Espírito Santo
e nos tornemos em Cristo um só corpo e um só espírito .
Ass. Fazei de nós um só corpo e um só espírito.
Que ele faça de nós uma oferenda perfeita para
alcançarmos a vida eterna com os vossos santos:
com a Virgem Santa Maria, Mãe de Deus, com São José,
seu esposo, os bem-aventurados Apóstolos e Mártires, *N*.

so that we may obtain an inheritance with your elect,
especially with the most Blessed Virgin Mary,

Mother of God, with blessed Joseph, her Spouse,
with your blessed Apostles and glorious Martyrs
(with Saint *N.*: *the Saint of the day or Patron Saint*)
and with all the Saints,
on whose constant intercession in your presence
we rely for unfailing help.

May this Sacrifice of our reconciliation,
we pray, O Lord,
advance the peace and salvation of all the world.
Be pleased to confirm in faith and charity
your pilgrim Church on earth,
with your servant *N.* our Pope and *N.* our Bishop,
the Order of Bishops, all the clergy,
and the entire people you have gained for your own.

Listen graciously to the prayers of this family,
whom you have summoned before you:
in your compassion, O merciful Father,
gather to yourself all your children
scattered throughout the world.

† To our departed brothers and sisters
and to all who were pleasing to you
at their passing from this life,
give kind admittance to your kingdom.
There we hope to enjoy for ever the fullness of your glory
through Christ our Lord,
through whom you bestow on the world all that is good.†

(*o santo do dia ou o padroeiro*)

e todos os santos,

que não cessam de interceder por nós na vossa presença.

Ass. Fazei de nós uma perfeita oferenda.

E agora, nós vos suplicamos, ó Pai,

que este sacrifício

da nossa reconciliação estenda a paz e a salvação ao
mundo inteiro.

Confirmai na fé e na caridade a vossa Igreja,

enquanto caminha neste mundo:

o vosso servo o papa *N.*, o nosso Bispo *N.*,

com os bispos do mundo inteiro,

o clero e todo o povo que conquistastes.

Ass. Lembrai-vos, ó Pai, da vossa Igreja.

Atendei às preces da vossa família,

que está aqui, na vossa presença.

Reuni em vós, Pai de misericórdia,

todos os vossos filhos dispersos pelo mundo inteiro.

Ass. Lembrai-vos, ó Pai, dos vossos filhos.

Acolhei com bondade no vosso reino os nossos irmãos e
irmãs, que partiram deste mundo

e todos os que morreram na vossa amizade.

Unidos a eles, esperamos também nos saciar-nos
eternamente da vossa glória, por Cristo, nosso Senhor.

Ass. A todos saciai com vossa glória.

Por ele dais ao mundo todo bem e toda graça.

The Priest takes the chalice and the paten with the host:
Through him, and with him, and in him,
O God, almighty Father,
in the unity of the Holy Spirit,
all glory and honour is yours,
for ever and ever.
R. Amen.
Then follows the Communion Rite, p. 66.

---

*When this Eucharistic Prayer is used in Masses for the
Dead, the following may be said:*
† Remember your servant *N.*
whom you have called (today)
from this world to yourself.
Grant that he (she) who was united with your Son
   in a death like his,
may also be one with him in his Resurrection,
when from the earth
he will raise up in the flesh those who have died,
and transform our lowly body
after the pattern of his own glorious body.
To our departed brothers and sisters, too,
and to all who were pleasing to you
at their passing from this life,
give kind admittance to your kingdom.
There we hope to enjoy for ever the fullness of your glory,
when you will wipe away every tear from our eyes.
For seeing you, our God, as you are,

Por Cristo, com Cristo, em Cristo, a vós,
Deus Pai todo-poderoso,
na unidade do Espírito Santo,
toda a honra e toda a glória agora e para sempre.
Ass. Amém.

A Missa continua com o Rito da Comunhão na p. 67.

we shall be like you for all the ages
and praise you without end, (*He joins his hands.*)
through Christ our Lord,
through whom you bestow on the world all that is good.†

Eucharistic Prayer IV

Pr. The Lord be with you.
R. And with your spirit.
Pr. Lift up your hearts.
R. We lift them up to the Lord.
Pr. Let us give thanks to the Lord our God.
R. It is right and just.
Pr. It is truly right to give you thanks,
truly just to give you glory, Father most holy,
for you are the one God living and true,
existing before all ages and abiding for all eternity,
dwelling in unapproachable light;
yet you, who alone are good, the source of life,
have made all that is,
so that you might fill your creatures with blessings
and bring joy to many of them by the glory of your light.

And so, in your presence are countless hosts of Angels,
who serve you day and night
and, gazing upon the glory of your face,
glorify you without ceasing.
With them we, too, confess your name in exultation,

Oração Eucarística IV

Cel. O Senhor esteja convosco!

Ass. Ele está no meio de nós.

Cel. Corações ao alto!

Ass. O nosso coração está em Deus.

Cel. Demos graças ao Senhor, nosso Deus.

Ass. É nosso dever é nossa salvação

Cel. Na verdade, ó Pai, é nosso dever dar-vos graças, e nossa salvação dar-vos glória:

Só vós sois o Deus Vivo e Verdadeiro que existis antes de todo o tempo

E permaneceis para sempre, habitando em luz inacessível.

Mas, porque sois o Deus de bondade e a fonte da vida, Fizestes todas as coisas para cobrir de bênçãos as vossas criaturas e a muitos alegrar com a vossa luz.

Eis, pois, diante de vós todos os anjos vos servem e glorificam sem cessar, contemplando a vossa glória. Com eles, tambem nós, e, por nossa voz, tudo o que criastes, celebramos o vosso nome, Cantando a uma só voz.

giving voice to every creature under heaven,
as we acclaim:
The people sing or say aloud the Sanctus as on p. 26.
Pr. We give you praise, Father most holy,
for you are great
and you have fashioned all your works
in wisdom and in love.
You formed man in your own image
and entrusted the whole world to his care,
so that in serving you alone, the Creator,
he might have dominion over all creatures.
And when through disobedience he had lost your friendship,
you did not abandon him to the domain of death.
For you came in mercy to the aid of all,
so that those who seek might find you.
Time and again you offered them covenants
and through the prophets
taught them to look forward to salvation.

And you so loved the world, Father most holy,
that in the fullness of time
you sent your Only Begotten Son to be our Saviour.
Made incarnate by the Holy Spirit
and born of the Virgin Mary,
he shared our human nature
in all things but sin.
To the poor he proclaimed the good news of salvation,
to prisoners, freedom,

Sanctus p. 27.

Cel. Nós proclamamos a vossa grandeza, Pai Santo,
a sabedoria e o amor com que fizestes todas as coisas:
criastes o homem e a mulher à vossa imagem e lhes
confiastes todo o universo,
para que, servindo a vós, seu Criador, dominassem toda
criatura.
E quando pela desobediência perderam a vossa amizade,
não os abandonastes ao poder da morte,
mas a todos socorrestes com bondade,
para que, ao procurar-vos, vos pudessem encontrar.
Ass. Socorrei com bondade os que vos buscam!
E, ainda mais,
oferecestes muitas vezes aliança aos homens e às
mulheres e os instruístes pelos profetas na esperança da
salvação.
E de tal modo, Pai santo, amastes o mundo que,
chegada a plenitude dos tempos,
nos enviastes vosso próprio Filho para ser o nosso
Salvador.
Ass. Por amor nos enviastes vosso filho!
Verdadeiro homem,
concebido do Espírito Santo e nascido da Virgem Maria,
viveu em tudo a condição humana,

and to the sorrowful of heart, joy.
To accomplish your plan,
he gave himself up to death,
and, rising from the dead,
he destroyed death and restored life.

And that we might live no longer for ourselves
but for him who died and rose again for us,
he sent the Holy Spirit from you, Father,
as the first fruits for those who believe,
so that, bringing to perfection his work in the world,
he might sanctify creation to the full.

Therefore, O Lord, we pray:
may this same Holy Spirit
graciously sanctify these offerings,
that they may become
the Body and ✠ Blood of our Lord Jesus Christ
for the celebration of this great mystery,
which he himself left us
as an eternal covenant.

For when the hour had come
for him to be glorified by you, Father most holy,
having loved his own who were in the world,
he loved them to the end:
and while they were at supper,
he took bread, blessed and broke it,
and gave it to his disciples, saying:

menos o pecado, anunciou aos pobres a salvação,
aos oprimidos a liberdade, aos tristes a alegria.
E, para realizar o vosso plano de amor,
entregou-se à morte e, ressuscitando dos mortos, venceu
a morte e retornou a vida.
Ass. Jesus Cristo deu-nos vida por sua morte!
E, a fim de não mais vivermos para nós, mas para ele, que
por nós morreu e ressuscitou,
enviou de vós, ó Pai, o Espírito Santo,
como primeiro dom aos vossos fiéis para santificar todas
as coisas levando à plenitude a sua obra.
Ass. Santificai-nos pelo dom do vosso espírito!
Por isso, nós vos pedimos que o mesmo Espírito Santo
santifique estas oferendas,
a fim de que se tornem o Corpo e o Sangue de Jesus
Cristo, vosso Filho e Senhor nosso,
para celebrarmos este grande mistério que ele nos deixou
em sinal da eterna aliança.
Ass. Santificai nossa oferenda pelo espírito!
Quando, pois, chegou a hora em que por vós, ó Pai,
ia ser glorificado, tendo amado os seus que estavam no
mundo,
amou-os até o fim.
Enquanto ceavam, Ele tomou o pão, deu graças,
e o partiu e deu a seus discípulos, dizendo:

> 'TAKE THIS, ALL OF YOU, AND EAT OF IT,
> FOR THIS IS MY BODY,
> WHICH WILL BE GIVEN UP FOR YOU.'

In a similar way,
taking the chalice filled with the fruit of the vine,
he gave thanks,
and gave the chalice to his disciples, saying:

> 'TAKE THIS, ALL OF YOU, AND DRINK FROM IT,
> FOR THIS IS THE CHALICE OF MY BLOOD,
> THE BLOOD OF THE NEW AND ETERNAL COVENANT,
> WHICH WILL BE POURED OUT FOR YOU AND FOR MANY
> FOR THE FORGIVENESS OF SINS.
> DO THIS IN MEMORY OF ME.'

Pr. The mystery of faith.
The people continue with one of the acclamations, p. 34.

Pr. Therefore, O Lord,
as we now celebrate the memorial of our redemption,
we remember Christ's Death
and his descent to the realm of the dead,
we proclaim his Resurrection
and his Ascension to your right hand,
and, as we await his coming in glory,
we offer you his Body and Blood,
the sacrifice acceptable to you
which brings salvation to the whole world.

Look, O Lord, upon the Sacrifice

'TOMAI, TODOS, E COMEI.
ISTO É O MEU CORPO,
QUE SERÁ ENTREGUE POR VOS.'

Do mesmo modo,
Ele tomou em suas mãos o cálice com vinho,
deu graças novamente e o deu a seus discípulos dizendo:

'TOMAI, TODOS, E BEBEI.
ESTE É O CÁLICE DO MEU SANGUE,
O SANGUE DA NOVA ALIANÇA,
QUE SERÁ DERRAMADO POR VÓS
E POR TODOS PARA REMISSÃO DOS PECADOS.
FAZEI ISTO EM MEMÓRIA DE MIM.'

Cel: Eis o mistério da fé!

Cel: Celebrando, agora, ó Pai,
a memória da nossa redenção,
anunciamos a morte de Cristo
e sua descida entre os mortos,
proclamamos a sua ressurreição
e ascensão à vossa direita, e,
esperando a sua vinda gloriosa,
nós vos oferecemos o seu Corpo e Sangue,
sacrifício do vosso agrado e salvação do mundo inteiro.
Ass. Recebei, ó Senhor, a nossa oferta!
Olhai, com bondade, o sacrifício que destes à vossa Igreja
e concedei aos que vamos participar do mesmo pão e do

which you yourself have provided for your Church,
and grant in your loving kindness
to all who partake of this one Bread and one Chalice
that, gathered into one body by the Holy Spirit,
they may truly become a living sacrifice in Christ
to the praise of your glory.

Therefore, Lord, remember now
all for whom we offer this sacrifice:
especially your servant *N*. our Pope,
N. our Bishop, and the whole Order of Bishops,
all the clergy,
those who take part in this offering,
those gathered here before you,
your entire people,
and all who seek you with a sincere heart.

Remember also
those who have died in the peace of your Christ
and all the dead,
whose faith you alone have known.

To all of us, your children, grant, O merciful Father,
that we may enter into a heavenly inheritance
with the Blessed Virgin Mary, Mother of God,
with blessed Joseph, her Spouse,
and with your Apostles and Saints in your kingdom.
There, with the whole of creation,
freed from the corruption of sin and death,
may we glorify you through Christ our Lord,
through whom you bestow on the world all that is good.

mesmo cálice que,

reunidos pelo Espírito Santo num só corpo,

nos tornemos em Cristo um sacrifício vivo para o louvor
da vossa glória.

Ass. Fazei de nós um sacrifício de louvor!

E agora, ó Pai,

lembrai-vos de todos pelos quais vos oferecemos este
sacrifício: o vosso servo o papa *N.*, o nosso bispo *N.*,

os bispos do mundo inteiro,

os presbíteros e todos os ministros,

os fiéis que, em torno deste altar,

vos oferecem este sacrifício,

o povo que vos pertence e todos aqueles que vos procuram
de coração sincero.

Ass. Lembrai-vos, ó Pai, dos vossos filhos!

Lembrai-vos também dos que morreram

na paz do vosso Cristo e de todos os mortos dos quais só
vós conhecestes a fé.

Ass. A todos saciai com vossa Glória!

E a todos nós, vossos filhos e filhas, concedei, ó Pai de
bondade, que, com a bem-aventurada, Virgem Maria,
Mãe de Deus, com São José, seu esposo, os Apóstolos
e todos os Santos, possamos alcançar a herança eterna
no vosso reino, onde, com todas as criaturas, libertas da
corrupção do pecado e da morte, vos glorificaremos por
Cristo, nosso Senhor.

Ass. Concedei-nos o convívio dos eleitos!

Por ele dais ao mundo todo bem e toda graça.

The Priest takes the chalice and the paten with the host:
Through him, and with him, and in him,
O God, almighty Father,
in the unity of the Holy Spirit,
all glory and honour is yours,
for ever and ever. **R. Amen.**

THE COMMUNION RITE

Eating and drinking together the Lord's Body and Blood in a paschal meal is the culmination of the Eucharist.

The Lord's Prayer

After the chalice and paten have been set down, the congregation stands and the Priest says:
Pr. At the Saviour's command
and formed by divine teaching,
we dare to say:
Together with the people, he continues:
Our Father, who art in heaven,
hallowed be thy name;
thy kingdom come,
thy will be done
on earth as it is in heaven.
Give us this day our daily bread,
and forgive us our trespasses,
as we forgive those who trespass against us;
and lead us not into temptation,
but deliver us from evil.

Por Cristo, com Cristo, em Cristo,
a vós, Deus Pai todo-poderoso,
na unidade do Espírito Santo,
toda a honra e toda a glória agora e para sempre.
Ass. Amém.

RITO DA COMUNHÃO

Rezemos, com amor e confiança, a oração que e Senhor
Jesus nós ensinou:
Cel. e Ass:
**Pai nosso que estais no céus,
santificado seja o vosso nome;
venha a nós o vosso reino;
seja feita a vossa vontade,
assim na terra como no céu.
O pão nosso de cada dia nos dai hoje;
perdoai-nos as nossas ofensas,
assim como nós perdoamos
a quem nos tem ofendido
e não nos deixeis cair em tentação,
mas livrai-nos do mal.**

Pr. Deliver us, Lord, we pray, from every evil,
graciously grant peace in our days,
that, by the help of your mercy,
we may be always free from sin
and safe from all distress,
as we await the blessed hope
and the coming of our Saviour, Jesus Christ.
R. For the kingdom,
the power and the glory are yours
now and for ever.

The Peace

Pr. Lord Jesus Christ,
who said to your Apostles:
Peace I leave you, my peace I give you;
look not on our sins,
but on the faith of your Church,
and graciously grant her peace and unity
in accordance with your will.
Who live and reign for ever and ever.
R. Amen.

Pr. The peace of the Lord be with you always.
R. And with your spirit.

Then the Deacon, or the Priest, adds:
Pr. Let us offer each other the sign of peace.
And all offer one another the customary sign of peace.

Cel. Livrai-nos de todos os males, ó Pai, e dai-nos hoje a vossa paz. Ajudados pela vossa misericórdia, sejamos sempre livres do pecado e protegidos de todos os perigos, enquanto, vivendo a esperança, aguardamos a vinda do Cristo Salvador.

A assembleia aclama:

Ass. Vosso é o reino,
o poder e a glória para sempre.

O celebrante continua:
Cel. Senhor Jesus Cristo,
dissestes aos vossos Apóstolos:
"Eu vos deixo a paz, eu vos dou a minha paz".
Não olheis os nossos pecados,
mas a fé que anima vossa Igreja; dai-lhe,
segundo o vosso desejo, a paz e a unidade.
Vós, que sois Deus, com o Pai e o Espírito Santo.
Ass. Amém.
Cel. A paz do Senhor esteja sempre convosco!
Ass. O amor de Cristo nos uniu.

Se oferece o sinal de paz de acordo com o uso local.

Breaking of the Bread

Then the Priest takes the host, breaks it over the paten,
and places a small piece in the chalice, saying quietly:

Pr. May this mingling of the Body and Blood
of our Lord Jesus Christ
bring eternal life to us who receive it.

Meanwhile the following is sung or said:

Lamb of God, you take away the sins of the world,
 have mercy on us.

Lamb of God, you take away the sins of the world,
 have mercy on us.

Lamb of God, you take away the sins of the world,
 grant us peace.

Invitation to Communion

All kneel; The Priest genuflects, takes the host and,
holding it slightly raised above the paten or above the
chalice says aloud:

Pr. Behold the Lamb of God,
behold him who takes away the sins of the world.
Blessed are those called to the supper of the Lamb.

R. Lord, I am not worthy
that you should enter under my roof,
but only say the word
and my soul shall be healed.

While the Priest is receiving the Body of Christ, the
Communion Chant begins.

O Celebrante então parte a hóstia, enquanto a assembleia canta ou diz:

**Cordeiro de Deus, que tirais o pecado do mundo, tende piedade de nós.
Cordeiro de Deus, que tirais o pecado do mundo, tende piedade de nós.
Cordeiro de Deus, que tirais o pecado do mundo, dai-nos a paz.**

A assembleia se ajoelha. O celebrante faz uma genuflexão, levanta a hóstia e diz:
Cel. Felizes os convidados para a Ceia do Senhor!
Eis o Cordeiro de Deus,
que tira o pecado do mundo.

Cel. e Ass:
**Ass. Senhor, eu não sou digno
de que entreis em minha morada,
mas dizei uma palavra e serei salvo.**
O Celebrante comunica primeiro. Se segue a antifona para a comunhão.

Communion Procession

The communicants come forward in reverent procession. They receive Holy Communion standing and after making a preparatory act of reverence by bowing their head in honour of Christ's presence in the Sacrament. The Priest raises a host slightly and shows it to each of the communicants, saying:

Pr. The Body of Christ.

R. Amen.

When Communion is ministered from the chalice:

Pr. The Blood of Christ.

R. Amen.

After the distribution of Communion, if appropriate, a sacred silence may be observed for a while, or a psalm or other canticle of praise or a hymn may be sung. Then, the Priest says:

Pr. Let us pray.

Prayer after Communion

All stand and pray in silence for a while, unless silence has just been observed. Then the Priest says the Prayer after Communion, at the end of which the people acclaim:

R. Amen.

O celebrante diz para cada comunicante:
Cel. O Corpo de Cristo.
Ass. Amém.
Quando o Sangue de Cristo também é distribuido:
Cel. O Sangue de Cristo.
Comunicante. Amém.
Depois do Rito da comunhão, há um periodo de silencio para oração de agradecimento. Então, de pé junto ao altar ou à cadeira, o celebrante diz:
Cel. Oremos.

Ao final da oração conclusiva, a assembleia responde:
Ass: Amém.

THE CONCLUDING RITES

The Mass closes, sending the faithful forth to put what they have celebrated into effect in their daily lives.

Any brief announcements follow here. Then the dismissal takes place.

Pr. The Lord be with you.

R. And with your spirit.

The Priest blesses the people, saying:

Pr. May almighty God bless you,
the Father, and the Son, and the Holy Spirit.

R. Amen.

Then the Deacon, or the Priest himself says the Dismissal:

Pr. Go forth, the Mass is ended.

R. Thanks be to God. *Or:*

Pr. Go and announce the Gospel of the Lord.

R. Thanks be to God. *Or:*

Pr. Go in peace, glorifying the Lord by your life.

R. Thanks be to God. *Or:*

Pr. Go in peace.

R. Thanks be to God.

Then the Priest venerates the altar as at the beginning. After making a profound bow with the ministers, he withdraws.

Ritos Finais

Se há alguns anuncios, eles são feitos neste momento.

Cel. O Senhor esteja convosco.
Ass. Ele está no meio de nós.

Cel. Abençoe-vos Deus todo-poderoso,
Pai e Filho e Espírito Santo.
Ass. Amém.
O celebrante conclude dizendo:
Cel. Ide em paz, e o Senhor vos acompanhe.
Ass. Graças à Deus.

The Benedictus

Blessed be the Lord, the God of Israel!
He has visited his people and redeemed them.

    He has raised up for us a mighty saviour
    in the house of David his servant,
    as he promised by the lips of holy men,
    those who his prophets from of old.

A saviour who would free us from our foes,
from the hands of all who hate us.
So his love for our fathers is fulfilled
and his holy covenant remembered.

    He swore to Abraham our father to grant us,
    that fee from fear, and saved
    from the hands of our foes,
    we might serve him in holiness and justice
    all the days of our life in his presence.

As for you little child,
you shall be called a prophet of God, the Most High.
You shall go ahead of the Lord
to prepare a way for him,

    To make known to his people their salvation,
    through forgiveness of all their sins,
    the loving kindness of the heart of our God
    who visits us like the dawn from on high.

He will give light to those in darkness,
those who dwell in the shadow of death,
and guide us into the way of peace. (Luke 1:68-79)

Benedictus - O Messias e seu precursor

Bendito seja o Senhor Deus de Israel,
porque a seu povo visitou e libertou;
    e fez surgir um poderoso Salvador
    na casa de Davi, seu servidor,
    como falara pela boca de seus santos,
    os profetas desde os tempos mais antigos,
para salvar-nos do poder dos inimigos
e da mão de todos quantos nos odeiam.
Assim mostrou misericórdia a nossos pais,
recordando a sua santa Aliança
    e o juramento a Abraão, o nosso pai,
    de conceder-nos que, libertos do inimigo,
    a, ele nós sirvamos sem temor
    em santidade e em justiça diante dele
    enquanto perdurarem nossos dias.
Serás profeta do Altíssimo, ó menino,
pois irás andando à frente do Senhor
para aplainar e preparar os seus caminhos,
    anunciando ao seu povo a salvação,
    que está na remissão de seus pecados,
    pela bondade, e compaixão de nosso Deus,
    que sobre nós fará brilhar o Sol nascente,
    para iluminar a quantos jazem entre as trevas
e na sombra da morte estão sentados
e para dirigir os nossos passos,
guiando-os no caminho da paz.

The Angelus

*May be said morning, noon, and night, to put us in mind
that God the Son became man for our salvation.*

V. The Angel of the Lord declared to Mary:

R. And she conceived of the Holy Spirit.
    Hail Mary...

V. Behold the handmaid of the Lord:

R. Be it done to me according to your word.
    Hail Mary...

V. And the Word was made Flesh:

R. And dwelt among us.
    Hail Mary...

V. Pray for us, O holy Mother of God.

**R. That we may be made worthy of the promises of
Christ.**

Let us pray:

Pour forth, we beseech you, O Lord, your grace into our
hearts, that we, to whom the Incarnation of Christ, your
Son, was made known by the message of an angel, may
by his passion and cross be brought to the glory of his
resurrection, through the same Christ our Lord. **R. Amen.**

Magnificat

My soul glorifies the Lord,
my spirit rejoices in God, my Saviour.
He looks on his servant in her lowliness;
henceforth all ages will call me blessed.

Angelus - Oração do Anjo

Para ser rezado de manhã, ao meio-dia e à noite.

V. O Anjo do Senhor anunciou a Maria
R. E Ela concebeu pelo Espírito Santo
   Ave Maria...
V. Eis a escrava do Senhor.
R. Faça-se em mim, segundo a Vossa palavra.
   Ave Maria...
V. E o Verbo Divino encarnou.
R. E habitou entre nós.
   Ave Maria...
V. Rogai por nós, santa Mãe de Deus.
R. Para que sejamos dignos das promessas de Cristo

Oremos:
Infundi, Senhor, a vossa graça, em nossas almas, para que nós, que, pela anunciação do Anjo, conhecemos a encarnação de Cristo, vosso Filho, pela sua paixão e morte na cruz, sejamos conduzidos à glória da Ressurreição. Pelo mesmo Cristo Senhor nosso. **R. Amém.**

Magnificat

A minha alma glorifica ao Senhor
e o meu espírito se alegra em Deus, meu Salvador.
Porque pôs os olhos na humildade da sua serva: de hoje em diante me chamarão bem-aventurada todas as gerações.

The Almighty works marvels for me.
Holy his name!
His mercy is from age to age,
on those who fear him.
He puts forth his arm in strength
and scatters the proud-hearted.
He casts the mighty from their thrones
and raises the lowly.
He fills the starving with good things,
sends the rich away empty.
He protects Israel, his servant,
remembering his mercy,
the mercy promised to our fathers,
to Abraham and his sons for ever. (*Lk* 1:46-55)
Glory be to the Father …

THE HOLY ROSARY

I. The Five Joyful Mysteries (Mondays, Saturdays)

1. The Annunciation.
2. The Visitation.
3. The Nativity.
4. The Presentation in the Temple.
5. The Finding of the Child Jesus in the Temple.

O Todo-Poderoso fez em mim maravilhas:
Santo é o seu nome.
A sua misericórdia se estende de geração em geração
sobre aqueles que O temem.
Manifestou o poder do seu braço
e dispersou os soberbos.
Derrubou os poderosos de seus tronos
e exaltou os humildes.

Aos famintos encheu de bens
e aos ricos despediu de mãos vazias.
Acolheu Israel seu servo,
lembrado da sua misericórdia,
como tinha prometido a nossos pais,
a Abraão e à sua descendência para sempre.

Glória ao Pai ...

MISTÉRIOS DO ROSÁRIO

I. Mistérios Gozosos (ou da Alegria)
(Segundas e Sábados)

1. A anunciação do Anjo S. Gabriel a Nossa Senhora.
2. A Visitação da Santíssima Virgem a sua prima Santa Isabel.
3. O Nascimento de Jesus no presépio de Belém.
4. A Apresentação de Jesus no templo e a Purificação de Nossa Senhora.
5 A perda e o encontro de Jesus no templo entre os doutores.

II. The Five Mysteries of Light (Thursdays)

1. The Baptism of the Lord
2. The Marriage at Cana
3. The Proclamation of the Kingdom
4. The Transfiguration
5. The Institution of the Eucharist

III. The Five Sorrowful Mysteries (Tuesdays, Fridays)

1. The Prayer and Agony in the Garden.
2. The Scourging at the Pillar.
3. The Crowning with Thorns.
4. The Carrying of the Cross.
5. The Crucifixion and Death of our Lord.

IV. The Five Glorious Mysteries (Wednesdays, Sundays)

1. The Resurrection.
2. The Ascension of Christ into Heaven.
3. The Descent of the Holy Spirit on the Apostles.
4. The Assumption.
5. The Coronation of the Blessed Virgin Mary in Heaven and the Glory of all the Saints.

The Hail Holy Queen

Hail, holy Queen, mother of mercy; hail, our life, our sweetness, and our hope! To you do we cry, poor banished children of Eve; to you do we send up our sighs, mourning

II. Mistérios Luminosos (ou da Luz) (Quintas Feiras)

1. O Batismo de Jesus no rio Jordão.
2. A revelação de Jesus nas Bodas de Caná.
3. O anúncio do Reino de Deus, com o convite à conversão.
4. A Transfiguração do Senhor.
5. A Instituição da Santíssima Eucaristia.

III. Mistérios Dolorosos (ou da Dor) (Terças e Sextas)

1. A Agonia de Jesus no Horto das Oliveiras.
2. A flagelação de Jesus.
3. A coroação de espinhos.
4. A subida de Jesus ao Monte Calvário.
5. A crucifixão e morte do Senhor.

IV. Mistérios Gloriosos (ou da Vida) (Quartas e Domingo)

1. A Ressurreição de Jesus.
2. A Ascensão de Jesus ao céu.
3. A Descida do Espírito Santo sobre os Apóstolos e Nossa Senhora reunidos no cenáculo.
4. A Assunção de Nossa Senhora ao céu.
5. A Coroação de Nossa Senhora como Rainha do céu e da terra.

Salve Rainha

Salve-Rainha, mãe de misericórdia, vida, doçura e esperança nossa, salve. A vós bradamos, os degredados filhos de Eva; a vós suspiramos, gemendo e chorando

and weeping in this vale of tears. Turn then, most gracious advocate, your eyes of mercy towards us; and after this our exile, show to us the blessed fruit of your womb, Jesus. O clement, O loving, O sweet Virgin Mary.

V. Pray for us, O holy Mother of God.

R. That we may be made worthy of the promises of Christ.

Let us pray:

O God, whose only-begotten Son, by his life, death and resurrection, has purchased for us the rewards of eternal life; grant, we beseech you, that meditating on these Mysteries of the most holy Rosary of the Blessed Virgin Mary, we may both imitate what they contain, and obtain what they promise, through the same Christ our Lord.

R. **Amen.**

LITANY OF THE BLESSED VIRGIN MARY

Lord have mercy.
Lord have mercy.
Christ have mercy.
Christ have mercy.
Lord have mercy.
Lord have mercy.
Christ hear us.
Christ graciously hear us.
God the Father of heaven,
have mercy on us. (repeat)
God the Son, Redeemer of the world,
God the Holy Spirit,
Holy Trinity, one God,
Holy Mary,
pray for us. (repeat)
Holy Mother of God,
Holy Virgin of virgins,

neste vale de lágrimas. Eia, pois, advogada nossa, esses vossos olhos misericordiosos a nós volvei. E depois deste desterro nos mostrai Jesus, bendito fruto do vosso ventre. Ó clemente, ó piedosa, ó doce sempre Virgem Maria.
D. Rogai por nós, santa Mãe de Deus.
C. Para que sejamos dignos das promessas de Cristo.

Oremos:
Ó Deus, que, pela vida, morte e ressurreição do Vosso Filho Unigénito, nos adquiristes o prémio da salvação eterna: concedei-nos, Vos pedimos, que venerando os mistérios do santíssimo Rosário da Virgem Maria, imitemos o que eles contêm e alcancemos o que eles prometem. Por Cristo nosso Senhor.
C. Amém.

LADAINHA DE NOSSA SENHORA

Senhor,
tende piedade de nós
Jesus Cristo,
tende piedade de nós
Senhor,
tende piedade de nós
Jesus Cristo, *ouvi-nos*
Jesus Cristo, *atendei-nos*
Pai celeste que sois Deus,
tende piedade de nós

Filho, Redentor do mundo,
que sois Deus,
tende piedade de nós
Espírito Santo, que sois Deus,
tende piedade de nós
Santíssima Trindade, que sois um só Deus,
tende piedade de nós
Santa Maria, *rogai por nós*
Santa Mãe de Deus,

Mother of Christ,
Mother of divine grace,
Mother most pure,
Mother most chaste,
Mother inviolate,
Mother undefiled,
Mother most lovable,
Mother most admirable,
Mother of good counsel,
Mother of our Creator,
Mother of our Saviour,
Virgin most prudent,
Virgin most venerable,
Virgin most renowned,
Virgin most powerful,
Virgin most merciful,
Virgin most faithful,
Mirror of justice,
Seat of wisdom,
Cause of our joy,
Spiritual vessel,
Vessel of honour,
Singular vessel of devotion,
Mystical rose,
Tower of David,
Tower of ivory,
House of gold,
Ark of the covenant,
Gate of heaven,
Morning Star,
Health of the sick,
Refuge of sinners,
Comfort of the afflicted,
Help of Christians,
Queen of Angels,
Queen of Patriarchs,
Queen of Prophets,
Queen of Apostles
Queen of Martyrs,
Queen of Confessors,
Queen of Virgins,
Queen of all Saints,
Queen conceived
without original sin,
Queen assumed into heaven,
Queen of the most
holy Rosary,
Queen of the Family,
Queen of Peace.

Santa Virgem das virgens,
Mãe de Jesus Cristo,
Mãe da Igreja,
Mãe da divina graça,
Mãe puríssima,
Mãe castíssima,
Mãe imaculada,
Mãe intacta,
Mãe amável,
Mãe admirável,
Mãe do bom conselho,
Mãe do Criador,
Mãe do Salvador,
Virgem prudentíssima,
Virgem venerável,
Virgem louvável,
Virgem poderosa,
Virgem clemente,
Virgem fiel,
Espelho de justiça,
Sede de sabedoria,
Causa da nossa alegria,
Vaso espiritual,
Vaso honorífico,
Vaso insigne de devoção,
Rosa mística,
Torre de David,
Torre de marfim,
Casa de ouro,
Arca da aliança,
Porta do Céu,
Estrela da manhã,
Saúde dos enfermos,
Refúgio dos pecadores,
Consoladora dos aflitos,
Auxílio dos Cristãos,
Rainha dos Anjos,
Rainha dos Patriarcas,
Rainha dos Profetas,
Rainha dos Apóstolos,
Rainha dos Mártires,
Rainha dos Confessores,
Rainha das Virgens,
Rainha de todos os Santos,
Rainha concebida sem
mácula de pecado original,
Rainha elevada ao Céu em
corpo e alma,
Rainha do Santíssimo
Rosário,
Rainha da Família,
Rainha da Paz.

Lamb of God, you take away the sins of the world,
Spare us, O Lord
Lamb of God, you take away the sins of the world,
Graciously hear us, O Lord
Lamb of God, you take away the sins of the world,
Have mercy on us
V. Pray for us, O holy Mother of God.
R. That we may be made worthy of the promises of Christ.
Let us pray:
Lord God, give to your people the joy of continual health in mind and body. With the prayers of the Virgin Mary to help us, guide us through the sorrows of this life to eternal happiness in the life to come. Grant this through our Lord Jesus Christ, your Son, who lives and reigns with you and the Holy Spirit, one God, for ever and ever.
R. Amen.

The Memorare

Remember, O most loving Virgin Mary, that it is a thing unheard of, that anyone ever had recourse to your protection, implored your help, or sought your intercession, and was left forsaken. Filled therefore with confidence in your goodness I fly to you, O Mother, Virgin of virgins. To you I come, before you I stand, a sorrowful sinner. Despise not my poor words, O Mother of the Word of God, but graciously hear and grant my prayer. Amen.

Cordeiro de Deus que tirais o pecado do mundo,
perdoai-nos, Senhor
Cordeiro de Deus que tirais o pecado do mundo,
ouvi-nos, Senhor
Cordeiro de Deus que tirais o pecado do mundo,
tende piedade de nós
V. Rogai por nós, Santa Mãe de Deus.
R. Para que sejamos dignos das promessas de Cristo.

Oremos:
Concedei, Senhor, aos vossos servos a perfeita saúde da alma e do corpo, e, por intercessão da Virgem Santa Maria, livrai-nos das tristezas do tempo presente e dai-nos as alegrias eternas. Por Cristo Nosso Senhor.
R. Amém.

Memorare - Oração de S. Bernardo

Lembrai-vos, ó puríssima Virgem Maria, que nunca se ouviu dizer que algum daqueles que tenha recorrido à Vossa protecção, implorado a Vossa assistência e reclamado o Vosso socorro, fosse por Vós desamparado.
Animado eu, pois, de igual confiança, a Vós, Virgem entre todas singular, como a Mãe recorro, de Vós me valho, e, gemendo sob o peso dos meus pecados, me prosto aos Vossos pés. Não desprezeis as minhas súplicas, ó Mãe do Filho de Deus humanado, mas dignai- Vos de as ouvir propícia e de me alcançar o que Vos rogo. Amém.

The Regina Cæli

V. O Queen of heaven, rejoice! Alleluia.
R. For he whom you did merit to bear, Alleluia,

V. Has risen as he said. Alleluia.
R. Pray for us to God. Alleluia.
V. Rejoice and be glad, O Virgin Mary, Alleluia,
R. For the Lord has risen indeed, Alleluia.

Let us pray:
God our Father, you give joy to the world by the resurrection of your Son, our Lord Jesus Christ. Through the prayers of his mother, the Virgin Mary, bring us to the happiness of eternal life. We ask this through our Lord Jesus Christ, your Son, who lives and reigns with you and the Holy Spirit, one God, for ever and ever. **R. Amen.**

An Act of Contrition

O my God, I am sorry and beg pardon for all my sins, and detest them above all things, because they deserve your dreadful punishments, because they have crucified my loving Saviour Jesus Christ, and, most of all, because they offend your infinite goodness; and I firmly resolve, by the help of your grace, never to offend you again, and carefully to avoid the occasions of sin. Amen.

Regina Caeli - Rainha dos Céus

D. Rainha dos céus, alegrai-vos. Aleluia!

C. Porque Aquele que merecestes trazer em vosso seio. Aleluia!

D. Ressuscitou como disse. Aleluia!

C. Rogai por nós a Deus. Aleluia!

D. Alegrai-vos e exultai, ó Virgem Maria. Aleluia!

C. Porque o Senhor ressuscitou, verdadeiramente. Aleluia!

Oremos:

Ó Deus, que enchestes o mundo de alegria com a ressurreição do Vosso Filho, nosso Senhor Jesus Cristo, concedei, nós vo-lo pedimos, que pela intercessão da Virgem Maria, Sua Mãe, alcancemos as alegrias da vida eterna. Por Cristo, Senhor nosso.

C. Amém.

Ato de Contrição

Meu Deus, porque sois infinitamente bom e Vos amo de todo o meu coração, pesa-me de Vos ter ofendido e, com o auxílio da Vossa divina graça, proponho firmemente emendar-me e nunca mais Vos tornar a ofender. Peço e espero o perdão das minhas culpas pela Vossa infinita misericórdia. Amém.

Act of Faith

My God, I believe in you and all that your Church teaches, because you have said it, and your word is true.

Act of Hope

My God, I hope in you, for grace and for glory, because of your promises, your mercy and your power.

Act of Charity

My God, because you are so good, I love you with all my heart, and for your sake, I love my neighbour as myself.

Eternal Rest

V. Eternal rest grant to them, O Lord.

R. And let perpetual light shine upon them.

V. May they rest in peace.

R. Amen.

V. O Lord, hear my prayer.

R. And let my cry come to you.

Let us pray:

O God, the Creator and Redeemer of all the faithful, grant to the souls of your servants departed the remission of all their sins, that through our pious supplication they may obtain that pardon which they have always desired; who live and reign for ever and ever.

R. Amen.

Ato de Fé

Meu Deus, eu creio tudo o que Vós revelastes e a Santa Igreja nos ensina, porque não podeis enganar-Vos nem enganar-nos.

Ato de Esperança

Meu Deus, espero em Vós porque sois omnipotente, infinitamente misericordioso e fidelíssimo às vossas promessas.

Ato de Caridade

Meu Deus, porque sois infinitamente bom e digno de ser amado sobre todas as coisas, eu Vos amo de todo o meu coração, e, por Vosso amor, amo também o meu próximo como a mim mesmo.

Dá-lhes Senhor Repouso Eterno

V. Dá-lhes, Senhor o repouso eterno,

R. e que para eles resplandeça a luz perpetua.

V. Descansem em paz.

R. Amém.

Oremos: Pai Santo, Deus eterno, Criador e Redentor de todos os que chamastes deste mundo. Dai-lhe a felicidade, a luz e a paz. Que ele, tendo passado pela morte, participe do convívio de Vossos santos na luz eterna, como prometestes a Abraão a à sua descendência. Que sua alma nada sofra, e Vos digneis ressuscitá-lo com os Vossos santos no dia da ressurreição e da recompensa. Perdoai-lhe os pecados para que alcancem junto a Vós a vida imortal no reino eterno. Por Jesus Cristo, Vosso Filho, na unidade do Espírito Santo. **R. Amém.**

Prayer to my guardian angel

O angel of God, my guardian dear to whom God's love commits me here. Ever this night (day) be at my side to light, to guard, to rule and guide. Amen.

Anima Christi

Soul of Christ, sanctify me.
Body of Christ, save me.
Blood of Christ, inebriate me.
Water from the side of Christ, wash me.
Passion of Christ, strengthen me.
O good Jesu, hear me.
Within thy wounds hide me.
Suffer me not to be separated from thee.
From the malicious enemy defend me.
In the hour of my death call me,
And bid me to come to thee.
That with thy saints I may praise thee,
For all eternity. Amen.

Under Your Protection

We fly to thy protection, O holy Mother of God. Despise not our petitions in our necessities, but deliver us always from all dangers O glorious and blessed Virgin.

Anjo do Senhor

Santo Anjo do Senhor, meu zeloso guardador, se a ti me confiou a piedade divina, sempre me reje, me guarde, me governe, me ilumine. Amém.

Anima Christi - Alma de Cristo

Alma de Cristo, santificai-me.

Corpo de Cristo, salvai-me.

Sangue de Cristo, inebriai-me.

Água do lado de Cristo, lavai-me.

Paixão de Cristo, confortai-me.

Ó bom Jesus, ouvi-me.

Dentro das Vossas chagas, escondei-me.

Não permitais que eu me separe de Vós.

Do inimigo maligno defendei-me.

Na hora da minha morte, chamai-me.

Mandai-me ir para Vós.

Para que Vos louve com os Vossos Santos Pelos séculos dos séculos. Amém.

Sub tuum praesidium - Sob a Tua Proteção

À Vossa proteção, recorremos, Santa Mãe de Deus; não desprezeis as nossas súplicas em nossas necessidades; mas livrai-nos de todos os perigos, ó Virgem gloriosa e bendita.

Nihil obstat: The Reverend Canon John Redford S.T.L., L.S.S., D.D.

Imprimatur: ✠ Peter Smith, Archbishop of Southwark, 23 May 2011. *The* Nihil obstat *and* Imprimatur *are a declaration that a book or pamphlet is considered to be free from doctrinal or moral error. It is not implied that those who have granted the* Nihil obstat *and* Imprimatur *agree with the contents, opinions or statements expressed.*

O Livro das Minhas Orações: A Simple Prayer Book, English-Portuguese edition. Published 2011 by the Incorporated Catholic Truth Society, 40-46 Harleyford Road, London SE11 5AY. Compilation, layout, design of this edition © 2011 The Incorporated Catholic Truth Society. First compiled and published 2007.

ISBN 978 1 86082 449 4